AF260030

140

DISCOURS

SUR

L'EXISTENCE DE L'ÊTRE SUPRÊME

ET

L'IMMORTALITÉ DE L'AME.

DISCOURS

SUR

L'EXISTENCE DE L'ÊTRE SUPRÊME

ET

L'IMMORTALITÉ DE L'AME.

A CHAUMONT,

Chez BOUCHARD, Imprimeur du Département
de la h.^{te}-Marne et du District de Bourbonne.

L'AN IIe DE LA RÉPUBLIQUE.

DISCOURS

SUR

L'EXISTENCE DE L'ÊTRE SUPRÊME

ET

L'IMMORTALITÉ DE L'AME,

Prononcé par le citoyen BEZOUT, membre de la Société populaire de Nemours et chef du Bureau de correspondance et de surveillance du même District, le 20 prairial, deuxième année de la République française, une et indivisible, à la fête de l'ÉTERNEL qui a eu lieu à Bourbonne-les-Eaux, ledit jour;

IMPRIMÉ PAR ORDRE DE LA SOCIÉTÉ POPULAIRE DE CETTE COMMUNE

CITOYENS, FRÈRES ET AMIS,

LA Société populaire de Bourbonne, en me chargeant de prononcer en son nom un discours sur l'objet de la fête que nous célébrons en cet instant, m'a imposé une tâche bien flatteuse, il est vrai, puisqu'elle est un témoignage honorable de sa confiance, mais un devoir en même temps bien difficile à remplir. Plus une matière est grande, plus elle est sublime, plus, je crois, celui qui la traite a de droit à l'indulgence publique. Appuyé sur cet espoir, je viens vous entretenir d'une vérité qui n'est jamais sortie de vos cœurs, il est vrai, mais qui y a continuellement été altérée et défigurée; je viens, dis-je, avec vous reconnoître qu'il existe un ÊTRE suprême, lui rendre avec vous l'hommage qui, seul, peut lui être agréable, celui de la vérité et de la sincérité. Pour cela, je n'emploierai pas les moyens de ces fourbes adroits et orgueilleux, de ces fourbes dirigés par l'ambition et la cupidité; je ne vous dirai pas, comme les prêtres : « croyez, parce que « vous devez croire, croyez, parce que les yeux de « la foi vous en imposent le devoir ». Je ne vous parlerai point de mystères ou plutôt de mensonge; j'appelerai seulement vos yeux et vos sens en témoignage de ce que je vais vous annoncer, et alors je vous dirai : « croyez, parce que vos yeux et vos « sens ne peuvent dénier l'existence d'un ÊTRE « suprême ». Mais, citoyens, la vérité peut-elle pénétrer dans un cœur encore soumis à l'empire des préjugés, de l'erreur et du mensonge? peut-elle y germer, y profiter et produire enfin les précieux avantages qui l'accompagnent, ceux de la conviction intime et du calme le plus parfait? Non, sans-doute, le mensonge auroit bientôt étouffé la voix de la vérité. Il faut donc pénétrer au fond du cœur, en arracher, en détruire les racines profondes des préjugés de l'erreur : c'est à vous, Citoyens et Citoyennes, aux yeux desquels le bandeau de l'erreur intercepte encore la lumière de la raison, c'est à vous que je vais m'adresser. Ne croyez pas que je veuille attaquer de front vos opinions religieuses; ne croyez pas que, semblable aux prêtres, je cherche ici, par des déclamations forcées, par des comparaisons effrayantes ou exagérées, à vous arracher un aveu qui ne seroit que l'effet de l'impression momentanée. Ces moyens appartiennent encore à l'imposture. Je me bornerai à vous présenter, d'un côté le tableau du mensonge nud et à découvert, de l'autre celui de la vérité dans tout son jour; alors je vous dirai : « songez « que de celui-là, c'est-à-dire, du mensonge, « découlent les vices, les crimes et le malheur de « l'homme; que de celui-ci, c'est-à-dire, de la « vérité, naissent la vertu et le bonheur. Pro- « noncez et choisissez auquel des deux vous voulez « confier le destin de vos jours ».

Deux monstres hideux avoient résolu de se partager l'empire de la terre, le despotisme des rois et le despotisme sacerdotal : ils avoient fait un pacte par lequel ils s'étoient promis et juré mutuellement secours. La puissance de l'un devoit

A 3

être étayée sur celle de l'autre, et leur empire devoit devenir d'autant plus redoutable que l'ignorance des premiers siècles offroit à leur cupidité, leur orgueil et leur ambition, une carrière sans bornes. Bientôt les rois usurpèrent le pouvoir absolu qui, dans le principe, n'étoit qu'un dépôt sacré que l'imbécillité des peuples leur avoit aveuglément confié. L'abus exécrable et sanguinaire qu'ils en firent dès l'origine de leur usurpation n'auroit pas tardé, malgré l'ignorance des siècles, à dessiller les yeux des peuples; mais le despotisme sacerdotal, sentant que sa puissance ne pourroit avoir d'existence que par celle des rois, reconnut qu'il étoit temps d'accomplir le pacte qu'il avoit formé, de soutenir cet édifice monstrueux prêt à s'écrouler. Mais quels moyens employa-t-il? ceux de l'astuce, du mensonge et de la perfidie.

Le spectacle enchanteur de la nature annonçoit aux peuples l'existence d'un ÊTRE suprême; les astres, ces globes lumineux qui rouloient sans cesse au-dessus de leurs têtes, leur en faisoient sentir la puissance; mais leur ignorance étoit telle, qu'ils n'avoient pu, jusqu'alors, déterminer leur jugement. Le despotisme sacerdotal ne peut laisser échapper cette occasion favorable; elle lui paroît, seule, pouvoir servir ses projets odieux, son orgueil, sa cupidité, son ambition. L'étude qu'il a faite du cœur de l'homme, pour mieux le tromper, lui apprend que la nouveauté plaît aux peuples qui sont encore plongés dans l'ignorance ; que le mystérieux, en un mot, tout ce qui peut, par des dehors séduisans et attrayans, fixer l'attention des peuples, doit finir par captiver leurs opinions : il sait, enfin, que flatter et caresser le peuple, c'est l'avoir aux deux tiers subjugué. Aussitôt, il saisit avidement l'idée informe et confuse que les peuples avoient de l'existence d'un Être suprême, à l'instant il développe son plan, et jettant le masque à bas : *Peuples*, s'écrie-t-il, *oui, vous avez raison, il existe un Être suprême, mais vous ne pouvez, de vous mêmes, connoître qui il est : c'est à nous seuls qu'il est réservé de vous l'apprendre ; c'est nous qui sommes ses envoyés, ses ministres ; c'est nous qui sommes vos médiateurs auprès de lui ; c'est par nous qu'il doit vous entendre, c'est par nous qu'il doit vous faire connoître sa volonté suprême.* Ils ont dit, et les peuples frappés de stupeur, les Peuples qui ignoroient, mais qui désiroient connoître celui auquel ils devoient rendre l'hommage pur dont tout mortel est tributaire envers l'Être suprême, d'un mouvement spontané, répondent : *parlez, nous vous écouterons ; vos oracles seront pour nous des ordres sacrés et absolus.*

Enorgueillis de ce premier succès, les prêtres assurés d'avance de l'empire qu'ils alloient exercer sur les cœurs et les esprits, songèrent à l'affermir, en affermissant le trône par les mêmes moyens qu'ils avoient employés pour fonder leur inique puissance. *Peuples, ont-ils dit, vos rois sont l'image vivante de l'Être suprême que vous désirez connoître; c'est de lui qu'ils tiennent leur sceptre et leur pouvoir; il leur a transmis une partie de sa puissance pour l'exercer sur la terre. Obéissez-leur, respectez-les, ou craignez la vengeance de la Divinité.* Telle est, Citoyens, l'origine de cette puissance colossale qui déshonore et afflige encore une partie de la terre. C'est ainsi que la terreur protégeant l'imposture, a fasciné les yeux des peuples, a propagé l'erreur de génération en génération.

Mais tant de perfidie, tant d'horreurs et de scélératesse doivent être mis dans tout leur jour: déchirons le rideau, et voyons le mensonge nud et à découvert.

Les prêtres osoient se dire les envoyés et les ministres de l'Être suprême! Ils osoient s'en dire les organes! Ils étoient plutôt les organes et les ministres du mensonge. Oui, l'imposture, l'orgueil, l'ambition et la cupidité, voilà quels étoient leurs dieux, voilà quels étoient les objets de leur culte et de leur adoration. Ils se disoient les envoyés de l'ÊTRE suprême ! Quoi ! celui qui a fait tout ce qui nous environne, celui en qui nous adorons une puissance que nous ne pouvons définir, puisqu'il est impossible de concevoir par quels moyens il a pu créer tout ce qui frappe nos regards d'admiration ; celui-là, dis-je, auroit eu besoin du ministère de l'homme pour faire reconnoître son existence, pour établir son culte ! N'étoit-ce pas dénier à l'auteur de la nature la puissance suprême, ou, plutôt, n'étoit-ce pas lui supposer l'impuissance de se faire connoître par ses bienfaits et par sa grandeur ?

Les prêtres osoient se dire les organes de l'ÊTRE suprême ! Quoi ! l'ÊTRE suprême, s'il avoit eu besoin d'établir son existence et sa puissance d'une manière plus palpable que celle qu'il fait continuellement briller à nos yeux, se seroit servi du ministère et de l'organe de l'homme ! Quoi ! l'homme qui tient de l'ÊTRE suprême les foibles lumières dont il est doué et qui doivent le diriger, suivant l'usage qu'il en fera, dans la carrière du vice ou de la vertu ; l'homme, enfin, qui lui-même ne peut fort souvent être l'organe de ses propres pensées, puisqu'il ne peut définir que par le plus respectueux silence et par l'adoration, le moteur secret de sa propre existence ; l'homme, dis-je, osoit se prétendre l'organe de son Auteur !

N'étoit-ce pas circonscrire la volonté de l'Être suprême dans les faibles limites de l'esprit humain ! N'étoit-ce pas l'asservir aux caprices et à la volonté de l'homme ! n'étoit-ce pas, enfin, substituer la volonté humaine à la volonté divine, en un mot, insulter à la Divinité !

Les prêtres enfin osoient se dire les ministres de l'Être suprême. Pour démontrer d'une manière palpable combien cette prétention étoit le fruit de l'orgueil, de l'ambition et de la cupidité, remontons aux époques remarquables où ils ont voulu établir et où ils ont exercé ce prétendu ministère; descendons ensuite à celle de leur décadence, et voyons si, dans les unes et dans les autres, ils ont fait remarquer ces attributs qui devoient nécessairement caractériser un pareil ministère.

Le premier usage qu'ils en font est de détruire ce que l'Être suprême a fait lui-même, en ravissant, ou plutôt, en devenant les vils instrumens de la destruction de la liberté des hommes, et en les chargeant de fers au nom d'un Dieu dont ils osent se dire les ministres.

Voyons-les insulter au Dieu dont ils se prétendent les ministres, sanctionnant en son nom les crimes, les vices, les forfaits; en osant proclamer les rois l'image de cette même Divinité, en leur déléguant une partie de sa puissance suprême pour l'exercer tyranniquement sur la terre: Voyons-les, au nom de l'Être suprême, armés de poignards, voler du Nord au fond de l'Asie, guidés par l'ambition et la cupidité, pour y établir, au milieu du carnage et de la désolation, leur exécrable domination.

Voyons-les, à la journée sanguinaire de la S.-Barthélemy, au nom d'un Dieu qu'ils vouloient, disoient-ils, venger, massacrant impitoyablement le père dans les bras de son fils, l'enfant sur le sein de sa mère; tenant d'une main un crucifix, de l'autre une torche ardente, porter par tout le fer, le feu et le carnage, assouvir leur rage et leur férocité sur des infortunés auxquels ils ne pouvoient pardonner de rendre à l'Être suprême l'unique et pur hommage de leurs cœurs.

Voyons-les, sollicitant auprès des rois, complices de leurs forfaits, ces exécrables édits portant bannissement et confiscation des biens de ceux qui ne vouloient point se soumettre à leur orgueilleux despotisme, pour ensuite satisfaire leur cupidité, s'emparer de leurs biens et élever leurs fortunes sur les débris de celles de ces innocentes victimes de leur scélératesse.

Voyons-les encore, ces monstres insatiables de sang et d'or, voyons-les traverser le vaste océan, pénétrer chez ces peuples heureux et tranquilles,

les Méxicains et Péruviens, y porter au nom d'un Dieu la terreur et le carnage ; sacrifier à leur barbarie des millions d'hommes qui n'avoient d'autre crime que d'adorer le Soleil, cet astre bienfaisant et lumineux, d'autre crime que de se refuser à la croyance d'un Dieu, de la bienfaisance duquel ils pouvoient justement douter, puisqu'il leur étoit annoncé par des monstres sanguinaires et cruels qui s'en disoient les ministres. C'est-là qu'on les a vu donner un libre essor à leur cupidité, tantôt chargeant de fers des milliers d'hommes de ce peuple doux et bienfaisant, les forcer d'ouvrir le sein de la terre, d'en arracher ce vil métal, source intarissable des maux qui affligent sa surface, les assimiler aux bêtes de somme, en les contraignant de porter leur or et leur argent jusqu'à leurs vaisseaux ; et lorsque ces infortunés succomboient sous le poids énorme dont ils les chargeoient, ils exerçoient leur rage et leur barbarie, en les faisant massacrer sous leurs yeux : tantôt, par une cruauté dont les barbares n'ont point fourni d'exemples, on les a vu faire étendre sur un brasier de charbons ardens les Princes du Méxique et du Pérou, et là, prolonger leurs tourmens inouis jusqu'à ce qu'ils eussent déclaré le lieu où ils avoient caché leurs trésors.

Voyons - les aussi, en Espagne, en Italie,

ériger un tribunal de sang pour y venger, disent-
ils, au nom d'un Dieu, les insultes faites dans
leurs personnes à la Divinité. Combien d'innocentes créatures, victimes de leur vertu, n'ont
pas péri dans les cachots affreux de l'inqui-
sition, pour n'avoir pas voulu répondre aux bru-
tales passions de ces hommes ou plutôt de ces
monstres qui se disoient les ministres du protec-
teur de l'innocence. C'est-là que des prétendus
ministres d'un Dieu qu'ils annonçoient être un
Dieu de paix et de bonté, armés de poignards,
exigent l'adoration et l'hommage qui n'est dû
qu'à l'Être suprême ; c'est-là, enfin, que des
milliers d'hommes ont été condamnés, au nom
d'un Dieu, à périr au milieu des flammes, victimes de la cupidité et de la vengeance des prêtres.

Voyons-les enfin dans la Vendée, ne respirant
que le carnage et la vengeance, la rage dans le
cœur de voir leurs trames odieuses dévoilées, leur
règne anéanti, et celui de la saine raison s'établir
à la place ; voyons-les armer le frère contre le
frère, le père contre le fils, le fils contre le père ;
à la tête de ces hordes de rebelles, porter de toute
part le fer, le feu, la désolation ; achever de leurs
propres mains ce que le plomb homicide des ré-
belles n'avoit pu faire ; poignarder les infortunés,
les généreux Républicains que le fer avoit épargné.

Voyons-les, le bras épuisé de carnage, mais le cœur insatiable de vengeance, inventer un nouveau genre de supplice et de mort bien digne de leur férocité, manipuler le poison avec les farines, en faire fabriquer le pain dont ils doivent alimenter nos frères d'armes tombés au pouvoir des rebelles, et, par ce moyen, savourer à longs traits le barbare et sanguinaire plaisir de les voir expirer dans les tourmens les plus cruels, les plus inouis; insulter aux derniers momens de ces braves Républicains, tantôt par les sarcasmes les plus odieux, tantôt par les insinuations les plus perfides, mais qui n'ont jamais pu ébranler leur constante fidélité à la patrie.

Tant de crimes et de scélératesse soulèvent vos cœurs d'une juste indignation. Eh bien! Citoyens, tous ces traits ne sont que foiblement rendus; ils sont tous dans la plus exacte vérité. Les uns nous sont transmis par l'histoire écrite sous le règne des despotes, où la vérité osoit à peine se faire entendre; les autres se sont passés de nos jours; les autres, enfin, sont encore existans.

Voilà le foible tableau du despotisme sacerdotal, voilà le portrait foiblement esquissé de ces hommes qui se disoient médiateurs entre l'homme et son Créateur.

C'est d'après cela que vous pouvez juger s'ils

vous ont trompés ou s'ils vous ont dit la vérité : c'est d'après cela que vous pouvez juger s'ils étoient les ministres de l'Être suprême.

Remplir le ministère d'un autre, c'est le représenter : pour le représenter fidélement, il faut avoir ses qualités, ses attributs. Quelles étoient les qualités, les attributs des prêtres en général ? Ils étoient cruels, sanguinaires, orgueilleux et ambitieux, protecteurs de tous les crimes et des forfaits, oppresseurs des vertus morales et sociales. Le Dieu dont ils se disoient les ministres, ne pouvoit donc être l'Être suprême, puisqu'il est bon et bienfaisant, puisqu'il aime et protège la vertu, qu'il déteste et punit les crimes ; puisqu'enfin il abhorre le sang humain. Le Dieu dont ils se disoient les ministres, ne pouvoit être que le mensonge, puisque ces vrais attributs sont ceux qui caractérisoient les prêtres. Or, le mensonge est la source de tous les maux et de tous les crimes : y croire ou l'adorer c'est se plonger dans le gouffre du malheur, c'est avilir la dignité d'homme libre ; c'est enfin faire un pas rétrograde vers l'esclavage. Sortez donc de votre léthargie, vous qui fûtes dans l'erreur jusqu'à ce jour ; ouvrez les yeux et souvenez-vous que, désormais, tout Français ne doit point perdre de vue que,

Plutôt la Mort que l'Esclavage,
C'est la devise des Français.

Mais il est temps d'effacer les impressions dou-
loureuses qu'a fait sur vos cœurs le récit de tant
de crimes, par des idées plus douces et plus con-
solantes, et de substituer au tableau du mensonge
celui de la vérité.

L'existence de l'Être suprême, auteur et souverain de l'univers, est une de ces vérités pal-
pables qui ne peuvent se refuser à la sagacité de
notre esprit. Nous existons, donc il doit y avoir
une cause première de cette existence. En vain
l'homme voudroit-il, pour la définir, s'enfoncer
dans un abyme de réflexions métaphysiques; plus
on s'efforce de la contempler, moins on la conçoit;
moins on la conçoit, plus on doit l'adorer comme
une marque de sa supériorité sur nous; plus on
doit s'humilier, et lui dire avec J.-J. Rousseau:
*Je suis, parceque tu es; c'est m'élever à ma source,
que de te méditer sans cesse : le plus digne usage de
ma raison est de m'anéantir devant toi ; c'est mon
ravissement d'esprit, c'est le charme de ma foiblesse,
de me sentir accablé de ta grandeur.*

Mais avons-nous donc besoin de connoître
l'essence ou ce qui constitue cet Être suprême,
pour croire à son existence, pour reconnoître et
adorer sa puissance, sa bienfaisance et sa justice?
Que l'homme jette d'abord ses regards sur lui-
même, qu'il examine sa structure, ses actions,

ses démarches. Cette machine, abstraction faite du principe qui en dirige les mouvemens, peut-elle être le fruit de la conception humaine? non, sans doute. Elle est donc l'ouvrage d'un Être supérieur, principe de la vie, d'un Être tout-puissant qui, manifestant son horreur pour l'esclavage, a donné à l'homme la liberté et la volonté d'agir ainsi qu'il lui plairoit; c'est cet Être suprême, seul, qui a pu douer l'homme d'une raison et d'une intelligence capable de connoître le bien et le mal, qui lui a laissé la liberté de suivre l'un, ou d'éviter l'autre; qualité qui lui donne ce degré de supériorité sur tous les êtres de la terre; qualité, enfin, qui ne peut être le fruit du hazard ou d'un être matériel, mais bien l'attribut d'une émanation divine et immortelle.

L'homme agit; mais peut-il définir la cause de ses mouvemens, de ses actions, sans encore reconnoître l'Être suprême, sans lui rendre hommage, sans être frappé d'admiration et de reconnoissance? S'il court, s'il écrit, s'il médite, c'est parce que l'Être suprême en a placé dans son âme la volonté, la liberté. Mais cette cause n'est que secondaire : ses actions, ses pensées sont bien l'expression des mouvemens de sa volonté, mais cette volonté peut-elle, seule, sans un secours secret et puissant, donner à ces mêmes actions à ces mêmes pensées, l'impulsion qui les fait se succéder avec la rapidité de l'éclair? Pourquoi n'existe-t-il aucun intervalle entre le moment de la volonté et celui de l'exécution? pourquoi l'homme, s'il veut marcher, a-t-il la jambe levée aussitôt qu'il en a eu la pensée? pourquoi la main de l'homme est-elle portée sur l'objet qu'il désire et qu'il voit, aussitôt que la volonté se manifeste dans son cœur? pourquoi, enfin, tous ses organes s'acquittent-ils de leurs fonctions avec une si prompte obéissance? tout cela peut-il être le fruit du hazard, d'un être matériel? Non, sans doute: tous ces mouvemens émanent d'une opération divine qui concourt à nos desirs; une main auxiliaire et toute puissante fait en l'homme ce qu'il est incapable de faire seul; elle concourt à la foiblesse de l'homme, et donne à sa volonté l'efficacité qui lui manque. C'est que l'homme est formé de deux substances; l'une matérielle et incapable par elle-même de mouvemens qui est le corps, l'autre qui est l'âme, émane de la Divinité; et comme elle est immortelle, elle est susceptible de tous les mouvemens et de toutes les affections qu'elle reçoit de son principe et de son auteur: c'est que l'homme enfin est assujetti aux loix immuables d'un être intelligent, qui joint à la connoissance de nos plus secrettes pensées un empire sur nos organes, qu'il les ébranle aux premiers cris de notre volonté, pour que les actions de nos corps répondent sur-le-champ aux vœux de notre âme.

Ah! Citoyens, est-il un seul homme qui puisse réfléchir sur sa propre existence et se refuser à celle de l'ÊTRE suprême! peut-il se refuser de rendre hommage à sa puissance qui a tout créé, et à sa sagesse qui gouverne tout?

Que l'homme ensuite élève ses yeux vers le ciel; qu'il contemple ces astres, ces étoiles fixes qui, d'un centre brillant de la plus vive lumière, lancent des traits de flâme aux extrémités du ciel : qu'il considère le Soleil, ce flambeau de l'univers, dont la chaleur féconde répand l'âme de la vie sur toute la nature; il y reconnoîtra l'auteur de ses jours. S'il réfléchit à la succession rapide et constante qui ramène le jour et la nuit, les mois et les années; s'il pense qu'il jouit des douces influences de l'air, des productions d'une terre inépuisable, du renouvellement des forêts, du cours des fleuves et des rivières; s'il admire enfin ce vaste amas d'eau, cet immense océan roulant sans cesse sur lui-même, ses flots agités par les vents sans sortir des bornes de son enceinte, n'est-il pas forcé de reconnoître une Divinité bienfaisante, un être infiniment puissant à la voix duquel tout se soumet et tout obéit? peut-il, en parcourant ces merveilles, dénier un Créateur qui élève son âme et la prépare aux leçons de sagesse dont il y a placé le germe et le principe? C'est alors qu'il doit s'écrier avec vérité : grand Dieu ! se peut-il que des êtres aient eu l'arrogance de se prétendre ton organe et tes ministres ! Se peut-il que les hommes aient été assez ingrats envers toi pour écouter la voix de l'imposture, et fermer l'oreille à celle de la nature qui leur annonçoit sans cesse ta grandeur et ta bonté !

Que l'homme parcourre encore cette foule de héros qui se sont distingués par leurs talens, par leurs vertus dans tous les genres ; ces hommes qui, par leur génie ou par leur courage, ont fait et font encore l'honneur de leur patrie : cette gloire qu'ils se sont acquis ne rejaillit-elle pas sur l'Être suprême? Peut-on, comme l'orgueilleuse impiété ou le froid athéisme, l'attribuer à des causes secondaires ou au hazard ? Pourquoi voyons-nous ces innombrables légions de Républicains voler gaiement au combat, affronter tous les dangers, s'enorgueillir de leurs blessures? Pourquoi, pour la défense de la cause que nous avons embrassée, le père arme-t-il gaiement le bras de son fils, l'amant s'arrache-t-il des bras de sa maîtresse, l'époux de ceux de sa tendre moitié;

tandis que, sous le règne des despotes, l'infortuné cultivateur auroit vendu jusqu'aux cendres de son feu pour racheter son fils de la milice? pourquoi volons-nous de victoire en victoire? pourquoi rien ne peut-il résister au courage et à l'impétuosité des Français? Pourquoi, Citoyens? Ah! qui oseroit douter un seul instant que l'Être suprême n'est pas le principe, le moteur secret de ces changemens si subits, de ces élans de patriotisme, de ces traits innombrables de courage et de dévouement! L'Être suprême avoit donné la liberté à l'homme en naissant; ce don ne lui pouvoit être ravi sans insulter à la puissance de la Divinité. En le ravissant, on avoit soumis l'homme à la volonté d'un seul, dont le despotisme enchaînant les esprits par la terreur, sembloit vers lui seul diriger tous les regards, et les détourner du principe de toute existence. Un voile épais et obscur cachoit aux hommes les merveilles de la nature qui n'avoient été créées par l'Être suprême que pour apprendre à l'homme à méditer, à connoître et admirer l'auteur de ses jours, le rappeler enfin à sa propre dignité: ce voile ne pouvoit être déchiré que par une main puissante et invisible. L'Être suprême n'a pas voulu que ses bienfaits et sa grandeur restassent plus long-temps inconnus; sa gloire et sa puissance ne pouvoient souffrir qu'il se fût érigé entre l'homme et lui un autel où l'orgueil et l'ambition étoient tour à tour encensés. Il a réchauffé dans le cœur des Français cet amour de la liberté qu'il y avoit placé ; et, armant leurs bras vengeurs, il a écrasé le trône et l'autel, il a brisé l'encensoir pour y substituer le culte de la vertu, seul hommage digne de son cœur. Oui, Français républicains, l'ÊTRE suprême est le principe du recouvrement de notre sainte liberté ! c'est à lui que nous devons en rendre nos actions de graces ; et le tribut le plus pur de reconnoissance que nous puissions lui payer, c'est de bannir pour jamais jusqu'au souvenir des crimes, des vices et des forfaits qui ont souillé la terre ; c'est enfin de cultiver et pratiquer les vertus.

Et toi, divin Auteur de la Nature, dont nous reconnoissons la puissance, la justice et la bonté, conserves aux Français le bienfait dont tu viens de les combler ; rends-les toujours dignes d'en jouir. Ne permets pas qu'un seul d'entr'eux altère la grandeur, la dignité de son existence ; daignes les en pénétrer. Veilles toujours sur la sainte Montagne, espoir de tous les vrais républicains ; fais que la liberté plane d'un bout de l'Univers à l'autre, que tous les peuples de la terre ne fassent qu'un peuple de frères ; déchires le bandeau qui intercepte à leurs yeux la lumière de la raison et de la vérité. Armes leurs bras vigoureux pour la défense de leurs droits et des tiens ; qu'ils marchent à la conquête de leur liberté, en chantant le refrein chéri des Français : *Amour sacré de la Patrie, &c.*

Après vous avoir démontré que tout, dans l'homme, dans les cieux et sur la terre, nous attestoir l'existence d'un Être suprême, faisoit éclater à nos yeux sa grandeur et sa puissance, sa justice et sa bonté ; je vais passer à l'existence de l'immortalité de l'âme.

L'ame, comme je vous l'ai déjà dit, est une des deux substances qui composent l'homme, c'est elle qui communique le mouvement à nos corps, qui commande à nos sens ; car le corps par lui-même est incapable de mouvement : il n'est qu'une machine au centre de laquelle est placée l'âme, comme le principal ressort qui en dirige toutes les actions. Cette vérité démontrée, il ne peut s'élever aucun doute sur l'existence de l'immortalité de l'âme. En effet, ou l'âme est une substance semblable à celle de nos corps, ou elle en est différente. Si elle étoit semblable à celle de nos corps, pourroit-elle communiquer à ce dernier ce mouvement qui l'anime ? non, sans doute : un corps sans vie, sans mouvement, ne peut en communiquer à un autre ; car il est impossible de donner ce que l'on n'a pas. Si elle est une substance différente, si, enfin, elle communique à nos corps le mouvement et la vie, le principe qui y existe a dû y être placé par un être supérieur qui ne peut être que l'Être suprême. Il existe donc une relation entre l'âme et son créateur ; et cette relation ne peut être que le fruit d'une identité ou ressemblance parfaite entre l'un et l'autre ; car il ne peut exister d'identité ou de ressemblance entre le principe de toute pureté et une substance matérielle. L'Ame est donc une substance parfaite et immortelle que l'Être suprême s'est plu de créer à son image. Mais voulons-nous sentir d'une manière bien plus frappante encore la vérité de cette existence, l'*immortalité de l'Ame?* Considérons l'homme juste et vertueux dans le cours de sa vie ; comparons son état à celui de l'homme méchant et criminel ; voyons-en la différence, et cherchons-en la cause. L'homme juste et vertueux, content du sort qui lui a été assigné sur la terre, vit sans autre desir que celui de faire le bien ; c'est là où il met sa félicité : le cours de sa vie n'est point traversé par ces inquiétudes, par ces ennuis qui forment tant de vide dans le cœur du méchant, et qui sont le fruit de l'empire des passions. Toujours gai et satisfait, il suit les plaisirs bruyans ; il n'est pas pour cela l'ennemi du plaisir ; il sait que l'ÊTRE suprême nous a fait un cœur, que c'est pour en goûter les douceurs ; mais il aime ceux qui peuvent remplir le cœur, il aime ces plaisirs doux, les plaisirs de la nature, ceux de la paternité, de l'amitié, de la fraternité et de la tendresse conjugale. Il sait, d'abord par penchant, ensuite par expérience, que ces plaisirs ne laissent point de regrets après eux, qu'ils sont surs et durables. Éprouve-t-il quelqu'accident, quelqu'infirmités, quelques maladies ? elles ne sont point chez lui le fruit d'une vie déréglée, mais l'effet de cette égalité naturelle par laquelle tous les hommes sont assujétis aux intempéries des saisons, aux infirmités et à la mort. Aussi, convaincu de cette vérité, respectant les décrets immuables de l'ÊTRE suprême, on ne lui entend pousser aucune plainte ; sa gaieté ordinaire n'en est point altérée, son visage conserve cette même sérénité qu'on lui voyoit dans l'état de la plus parfaite santé.

L'homme méchant ou criminel, au contraire, n'est jamais content du sort qui lui est échu en partage : sa vie n'est qu'inquiétudes, que desirs, qu'incertitudes. Il recherche les plaisirs bruyans par ce qu'ils l'étourdissent un instant sur sa vraie situation : le moment du plaisir passé, il cherche, il se fatigue, il se tourmente pour en trouver de nouveaux; mais il ne peut y goûter la tranquillité: elle le fuit par ce qu'elle ne se plait point dans le tourbillon des plaisirs. Il voltige sans cesse de desirs en desirs, d'inquiétudes en inquiétudes: bientôt la jouissance immodérée de tous ces frivoles et passagers plaisirs altère sa santé, énerve ses sens: il succombe et la maladie s'empare de lui. C'est là qu'on le voit, le teint pâle, livide et défiguré, tantôt plongé dans un silence morne et désespérant, tantôt développant l'aigreur de son caractère, s'irriter contre son mal, et, dans l'excès de son désespoir, en accuser, par les imprécations les plus terribles, l'auteur même de ses jours.

Pourquoi, Citoyens, cette différence entre la vie de l'homme juste et celle du méchant? C'est que l'âme sent bien qu'elle est émanée d'un principe pur et immortel, et qu'elle doit y retourner; qu'enfin il existe un Être souverain, rémunérateur des vertus et vengeur du crime.

Considérons encore l'homme juste et l'homme méchant au moment de la séparation de ces deux substances qui constituent l'homme, c'est-à-dire à l'article de la mort, et voyons si nous ne trouverons pas encore une preuve éclatante du sentiment intérieur de l'existence de l'immortalité de l'âme.

L'homme juste, à ce moment, jettant les yeux

sur le passé, parcourant les différentes périodes de sa vie, n'y apperçoit aucun vide; tous les momens lui en paroissent bien remplis : il voit qu'il a satisfait à la volonté de l'ÊTRE suprême, en remplissant exactement les devoirs de bon citoyen, en exécutant les loix de son pays et les faisant exécuter; qu'il a pareillement rempli les devoirs de bon fils, bon père, bon époux; qu'il a été juste, bienfaisant et fraternel : il attend alors avec sérénité le moment où son âme, dépouillée de cette enveloppe matérielle qui la retient captive, doit s'envoler pour retourner vers sa source et son principe. Il ne redoute point ce moment, par ce qu'il sent qu'il existe un ÊTRE suprême infiniment juste, qui aime la vertu, et qui doit consé-quemment la récompenser.

L'homme méchant, au contraire, agité par le tableau de ses vices, de ses crimes ou forfaits, qui vient sans cesse se représenter devant lui, fait d'inutiles efforts pour en écarter l'image : elle le poursuit par-tout, elle semble être l'annonce de la peine qu'il doit subir : il s'irrite alors, l'angoisse de l'esprit et du cœur se joint aux horreurs de la mort, il est livré aux plus cruels supplices : c'est là qu'on le voit luttant contre la mort, réunissant toutes ses forces, comme pour empêcher son âme de s'échapper de son corps :

il redoute ce moment terrible ; il sent qu'elle va bientôt recevoir la peine due à ses forfaits.

Ainsi tout concourt à nous démontrer l'existence de l'immortalité de l'âme : c'est une vérité qu'on ne peut révoquer en doute, sans insulter à la Divinité même, sans douter de la dignité de l'homme, sans douter de celle de son créateur.

Citoyens, après bien des peines et des travaux, nous avons terrassé l'hydre du despotisme et recouvré notre liberté. A cette nouvelle les tyrans de la terre ont pâli ; ils se sont coalisés pour river les fers de l'Europe, en attaquant cet édifice majestueux qui menaçoit leurs trônes ; mais leurs efforts sont impuissans : le crime ne peut rien contre la vertu. Déjà, vous le savez, leurs satellites de tous côtés sont battus et dissipés. Ces amas prodigieux de munitions de guerre et de bouche, destinés à attaquer la liberté, servent maintenant à la défendre. Bientôt enfin, baissant leurs fronts orgueilleux devant les droits sacrés de l'homme, les despotes seront contraints de reconnoître la République française, et de respecter le peuple souverain. C'est alors que nous jouirons paisiblement des avantages précieux de la liberté ; mais nous devons préparer nos cœurs à cette jouissance, détruire dès-à-présent tout ce qui pourroit en altérer la douceur ; établir ce qui peut propager et consolider sa durée. Abjurons donc de bonne foi toutes nos vieilles erreurs : elles ne peuvent qu'empoisonner notre jouissance. Rendons à l'ÊTRE suprême le seul hommage qui puisse lui être agréable, celui d'un cœur pur : fortifions dans nos cœurs la haine des rois et l'amour des vertus : respectons et exécutons fidélement les loix, et gravons à jamais ces devoirs dans notre mémoire, en répétant à chaque instant, ce refrein des vrais républicains :

Nous ne reconnoissons, en détestant les rois,
Que l'amour des Vertus, et l'empire des Loix.

[illegible] [illegible] [illegible] [illegible]
[illegible] de [illegible] son [illegible] [illegible] chode
épaisseurs [illegible] qualité [illegible]
[illegible] [illegible] [illegible] [illegible]
[illegible] publication [illegible] [illegible]
[illegible] [illegible] [illegible]
élevon [illegible] dru [illegible] [illegible] [illegible]
[illegible] [illegible] [illegible] [illegible]
[illegible] [illegible] [illegible]
[illegible] [illegible] [illegible] [illegible]
[illegible] [illegible] [illegible] la [illegible]